Mark Sarg

„Beschneiden Sie sich!"

Mark Sarg

„Beschneiden Sie sich!“

Bizarre Kurzgeschichten

Goldene Rakete Verlag für Belletristik

Imprint
Any brand names and product names mentioned in this book are subject to trademark, brand or patent protection and are trademarks or registered trademarks of their respective holders. The use of brand names, product names, common names, trade names, product descriptions etc. even without a particular marking in this work is in no way to be construed to mean that such names may be regarded as unrestricted in respect of trademark and brand protection legislation and could thus be used by anyone.

Cover image: www.ingimage.com

Publisher:
Goldene Rakete Verlag für Belletristik
is a trademark of
International Book Market Service Ltd., member of OmniScriptum Publishing Group
17 Meldrum Street, Beau Bassin 71504, Mauritius
Printed at: see last page
ISBN: 978-620-0-51931-3

INHALTSVERZEICHNIS

DER TOD ALS FLATTEUR 3

DAS UNHEIMLICHE KATHEDRALENFENSTER 4

DER PAPST ALS SPARGEL 5

DER PAPST ALS EIDECHSE 6

DER PAPST ALS FLEDERMAUS 7

DER PAPST ALS VAMPIR 8

MADAME LA DOMPTEUSE 9

MADAME LA JONGLEUSE 10

MADAME LA FLATTEUSE 11

MADAME LA SOUFFLEUSE 12

DAS VERLORENE HÜTCHEN 13

DER PAPST ALS ALCHEMIST ODER

TEUFLISCHE TUGENDEN 14

DAS STEHENDE PAAR 15

DER PAPST ALS SARGDECKEL 16

DER PAPST ALS FREIGEIST 17

DER PAPST ALS SAHNETÖRTCHEN 18

DER PAPST ALS KOLIBRI 19

DER ERGÖTZLICHE TOD 20

FLANKIERENDE MASSNAHMEN 21

DIE KICHERNDE BADEWANNE 22

DER PAPST ALS STERNSTUNDE 23
DER PAPST ALS PFANNKUCHEN (2) 24
DIE LEERE LADE 25
DER PAPST ALS SCHMANKERL ODER
DER LIEBESTRAUM 26
„BESCHNEIDEN SIE SICH!“ 27
„BESCHNEIDEN SIE SICH NICHT!“ 28
„BESCHNEIDEN SIE MICH!“ 29
„BESCHNEIDEN SIE MICH NICHT!“ 30
GLANZVOLLE KAPRIOLEN 31
DER PAPST ALS KAULQUAPPE 32
DER PAPST ALS NONNE 33
DER PAPST ALS KANALRÄUMER 34
DIE BEIDEN SPINATWACHTELN 35
DIE REVANCHE DER FLEDERMAUS 36
DER LISTIGE SARG 37
DER LÄSTIGE SARG 38
DER LUSTIGE SARG 39
DIE SCHWARZE SÄULE 40
DIE SCHWARZE STATUE 41
DER HOCHGEZOGENE VORHANG ODER
DIE EIGENE RATLOSIGKEIT 43
DIE HOCHGEZOGENEN BRAUEN 44

DER TOD ALS FLATTEUR

„Sie sind ein Flatteur, Monsieur. Aber ich folge Ihnen trotzdem gern!“

Ganz hingerissen von den Komplimenten, die ihm der Tod bei seinem Erscheinen großzügigst darbrachte, fiel es Baron Dagobert Pfauschnabel nicht allzu schwer, sich auf die große Reise zu begeben.

Charmant stirbt sichs eben doch um ***vieles*** leichter!

DAS UNHEIMLICHE KATHEDRALENFENSTER

In der Kathedrale zu Rochefort gab es ein mosaikgeschmücktes Fenster, dass jeden, der es bewundern wollte, zutiefst erschrecken ließ – da es plötzlich nur ihn ***selber*** zeigte.

Wobei sich keiner dies weiterzuerzählen getraute, weil es ihm höchst ***peinlich*** war.

Denn sich ***selbst*** – noch dazu völlig unvorbereitet und ohne Vorwarnung – zu betrachten: So viel frommer Mut liegt wohl ***keinem*** Kirchenbesucher im Blut!

DER PAPST ALS SPARGEL

„Hochgewachsen und schlank wie ein Spargel“ war Papst Stockbein der Letzte, als er sein Amt antrat.

Und so ***klein*** und ***gebückt*** am Ende, dass er es durch ein ***Mäuseloch*** wieder hätte verlassen können …

DER PAPST ALS EIDECHSE

Aus schierer Ehrfurcht vor seinem hohen Amte ***kroch*** Papst Bierdeckel der Bescheidene den ganzen Tag im Vatikan umher wie eine Eidechse.

„Abzudanken wäre weit ***behaglicher*** gewesen!“, seufzte er am Ende.

Und für diese epochale Erkenntnis hatte er ***Jahrzehnte*** benötigt!

DER PAPST ALS FLEDERMAUS

Allen sündhaften Erdenbürgern das Blut abzusaugen wie eine Fledermaus!

Immer wieder tröstete sich Papst Rotzknecht I. mit dieser Vorstellung.

Zwar wusste er natürlich, dass ein solches Geschöpf derlei niemals tun würde – sich aber selber als ***Vampir*** zu sehen, wäre ihm denn doch zu ***unchristlich*** erschienen!

DER PAPST ALS VAMPIR

Die Bedenken seines Vorgängers Rotzknecht I. teilte Papst Holzwurm II., der ihm noch als Kardinal Abèle Bauchspeck bestens vertraut war, keineswegs.

Er war der Überzeugung, man sei regelrecht ***verpflichtet***, jedem unchristlichen Subjekt die Lebenskraft in Form des Blutes zu entziehen – wofür man ja als Vampir geradezu prädestiniert sei.

Zu seinem unermesslichen Bedauern sah er sich selber hierzu außerstande, weil ***er kein*** Blut sehen konnte. Doch verabsäumte er durchaus nicht, seine Botschaft mittels geheimer Dokumente den ***Nachfolgern*** mit auf den Weg zu geben …

MADAME LA DOMPTEUSE

Mit einem wahren „Raubtier“ von Mann verheiratet, konnte man Madame Prudence Hinterstock zweifellos nur als „Dompteuse“ bezeichnen.

Dass Clovis sie am Ende dennoch besiegte, indem er über sie „herfiel“, war aber leider durchaus Teil des Ehevertrags gewesen, dem sie sich bis dahin mit Bravour zu entziehen versuchte.

Nun allerdings war die Übung für sie beendet, sie reichte die Scheidung ein – und suchte sich ein neues Tier zur Dressur.

MADAME LA JONGLEUSE

Als Präsidentin ihres Landes verstand es Madame Julienne Sarglaus wirklich meisterhaft, die verschiedenen politischen Kräfte zu ***jonglieren*** – wobei sie peinlichst darauf achtete, dass keines der Lager zu stark wurde.

Und als dies schließlich aber ***doch*** passierte – wurde sie zum Dank auf der Guillotine hingerichtet.

Perfekte Balance scheint eben gerade in der Staatskunst immer nur äußerst ***begrenzt*** möglich …

MADAME LA FLATTEUSE

„Sie können mir schmeicheln so viel Sie wollen, Ihre neue Rolle ***liegt*** Ihnen einfach nicht!“

Unbeeindruckt beharrte Monsieur Arnaud Schwefelkuss auf der Scheidung, nachdem ihm Gattin Julienne im Streit einen Zahn ausgeschlagen hatte.

Nun fand sie jedoch gleichfalls, dass ihr die ***alte*** Rolle weitaus besser stünde – und beschleunigte die Trennung noch, indem sie ihn zur Tür hinaustrat.

MADAME LA SOUFFLEUSE

„Madame la Souffleuse“ nannte Monsieur Rigobert Klaffschädel stets dankbar seine Gemahlin Apolline – weil sie dem chronisch Unachtsamen und Nachlässigen nahezu permanent zu „soufflieren“ pflegte, was er als Nächstes zu tun oder zu sagen habe.

Woran er sich derart gewöhnt hatte, dass er ihre Anweisungen – ohne auch nur im Geringsten nachzudenken – jedes Mal augenblicklich befolgte.

Und als sie ihn dergestalt zum Abschied aufforderte, von der Brücke in den reißenden Fluss zu springen, gehorchte er automatisch und ohne zu zögern auch diesmal.

Und war ihr hinterher selbst ***dafür*** dankbar …

DAS VERLORENE HÜTCHEN

Beim Wandern verlor Papst Sahnetütchen
im Sturm sein heißgeliebtes Federhütchen.

Verärgert rief er: „Ach du liebes Gütchen!“ –
und züchtigte sich rasch mit einem Rütchen,
bis wieder getilgt war sein heilig‘ Wütchen!

DER PAPST ALS ALCHEMIST ODER

TEUFLISCHE TUGENDEN

Als wahren Alchemisten von höchsten Graden und Gnaden verstand sich Papst Pulverfass der Brisante.

Sah er es doch als seine heiligste Aufgabe, die Sünden der Christenheit in ***göttliche Tugenden*** umzuwandeln.

Was er freilich – wie so viele andere Verblendete – unter diesen subsumierte, waren indes leider durchweg ***teuflische*** „Tugenden", sodass am Ende die Verhältnisse noch elender waren als zuvor.

Woran selbst das „reinigende" Feuer des Scheiterhaufens nichts zu ändern vermochte.

DAS STEHENDE PAAR

Ein Paar stand still an einer Oase
und trank Wasser aus einer Vase.

Sitzen durften sie leider nicht –
denn sie waren vom Standgericht.

DER PAPST ALS SARGDECKEL

Da sein Lieblingskardinal Emanuèle Schlauchberger sich aus unerfindlichen Gründen panisch davor ängstigte, versehentlich in einem ***offenen*** Sarg beigesetzt zu werden, beruhigte ihn Papst Wollbirn der Überzeugende stets mit der verlockenden Aussicht, ihm dann als heiliger ***Deckel*** zur Verfügung zu stehen.

Schade nur, dass er sein Angebot nicht ***ernst*** gemeint hatte …

DER PAPST ALS FREIGEIST

Wie ***schwierig*** diese beiden Begriffe in Einklang zu bringen,
davon vermochte Papst Reblaus wahrlich ein Lied zu singen.

Zutiefst zermürbt musste er schließlich kapitulieren.
Doch braucht er sich ***dafür*** gewiss nicht zu genieren!

DER PAPST ALS SAHNETÖRTCHEN

In einer Konditorei entdeckte Madame Titania Rauchknecht den überaus populären Papst Hängebauch V. sogar als leckeres Sahnetörtchen.

Verzückt nahm sie gleich ein Dutzend mit, überfraß sich gründlichst – und trat empört aus der Kirche aus.

DER PAPST ALS KOLIBRI

In seinem schmucken und festlichen Osterornat konnte Papst Bauchknecht der Imposante einfach nicht umhin, sich ganz wie ein Kolibri zu fühlen.

„Besser man ***ist*** sein eigener Vogel, als man ***hat*** einen!“, tröstete er sich.

Zwar traf wohl gewiss ***beides*** auf ihn zu, aber im Prinzip hatte er vermutlich recht.

DER ERGÖTZLICHE TOD

Wenn sich Miss Mizzy Gottmaus das allgemeine Gekreische im kalten Neonlicht des Kreißsaales bei der ***Geburt*** wieder vergegenwärtigte, konnte sie im Vergleich dazu ihren Tod nur als über alle Maßen ***ergötzlich*** empfinden.

Denn dieser erfolgte bei angenehmster klassischer Musik und Kerzenlicht in wohligster, vertrauter Atmosphäre.

„Wirklich schade, dass man nicht sterben kann, ***ohne*** geboren zu werden!“, sinnierte sie hinterher.

FLANKIERENDE MASSNAHMEN

Wesentliche flankierende Maßnahmen
sollten die silberne Hochzeit umrahmen.

So trachtete man in Liebe festzulegen,
dass eine ***goldene kein*** weiterer Segen!

DIE KICHERNDE BADEWANNE

Eine Badewanne kicherte von früh bis spät,
weil sie nun endlich ***wusste***, wie das geht.

Dies hatte ihr Lord Zweibein täglich vorgeführt,
wofür ihm ihr aufrechter ew'ger Dank gebührt‘!

DER PAPST ALS STERNSTUNDE

„Der Zeitpunkt meiner Geburt war eine ***Sternstunde*** der Geschichte!“, sinnierte Papst Glückswurm der Überhebliche. „Und mein Tod wird allenthalben tiefste ***Gram*** auslösen!“

Doch hier irrte er ***abermals***.

Denn für den empfangsbereiten Luzifer war ***dies*** nun eine Sternstunde par excellence!

DER PAPST ALS PFANNKUCHEN (2)

„Einen solch ***köstlichen*** Pfannkuchen
muss man wahrhaftig ***lange*** suchen!“

Zufrieden rieb sich Luzifer die Hände,
nachdem er mit seinem Mahl zu Ende.

DIE LEERE LADE

Eine leere Lade ist fast ***immer*** schade.

Hat man nichts, um es hineinzutun,
ist man wohl meist ein armes Huhn.

DER PAPST ALS SCHMANKERL ODER

DER LIEBESTRAUM

„Was für ein ***Schmankerl*** ich doch nur bin!“, schmachtete Papst Pfauschnabel der Famose – verschlang sich gierig, rülpste dreimal und bekreuzigte sich.

Leider alles nur in einem „Liebestraum“!

„BESCHNEIDEN SIE SICH!“

„Beschneiden Sie sich!“, forderte unverblümt der geistliche Vorsteher Gaulino Reibstock Sir Norrington Rauchkuss auf, ehe er einen orientalischen Tempel besichtigen durfte.

Der wies dieses Ansinnen natürlich völlig zu Recht empört zurück.

Denn er ***hatte*** gar nichts, was er hätte beschneiden können!

„BESCHNEIDEN SIE SICH NICHT!"

„Beschneiden Sie sich nicht – sondern geben Sie lieber schleunigst Ihre ‚Religion' auf! Ein Glaube, der derart ***Blutrünstiges*** vorsieht, ist ein wahrer ***Faustschlag*** ins Antlitz ***jedes*** göttlichen Wesens!!"

Dem ehrwürdigen Professor für Theologie Laurentino Waldpudel wird man nur schwerlich widersprechen können …

„BESCHNEIDEN SIE MICH!“

„Beschneiden Sie mich!“, flehte Lady Thelma Feuchtrüssel Lord Brinkley an.

Da er kein Blut sehen konnte, zog er es vor, ihr lieber das ***Haushaltsgeld*** zu kürzen.

„BESCHNEIDEN SIE MICH NICHT!“

„Beschneiden Sie mich nicht in meinen Rechten, gnädiger Herr, denn sie sind mir von der ***Verfassung*** garantiert!“

Zutiefst beeindruckt ließ ein potenzieller Mordgeselle Baron Cordulio Kleinhengst daraufhin wieder los und entschuldigte sich sogar bei ihm.

Immerhin war er noch ***nie*** „gnädiger Herr“ genannt worden!

GLANZVOLLE KAPRIOLEN

Der Tanz auf glühenden Kohlen
und weitere glanzvolle Kapriolen
waren dem jungen Brio anbefohlen.

Denn man drohte ihm ganz unverhohlen,
ihm den Hintern gründlich zu versohlen,
hätte er sich je vom Zirkus fortgestohlen!

DER PAPST ALS KAULQUAPPE

In vertraulichen Gesprächen mit den geistlichen Brüdern hatte Kardinal Silvanus Tollfuß die Päpste in ihrer Gesamtheit gern als „arme Frösche“ klassifiziert.

Und nachdem er dann selber zu Wollbein I. gekrönt worden war, fühlte er sich zunächst noch als ***Kaulquappe***.

Verbunden mit dem stillen Wunsch, dass aus dem späteren Frosch vielleicht am Ende gar ein ***Prinz*** entstünde …

DER PAPST ALS NONNE

Stets mit der allergrößten Lust und Wonne
träumte Papst Edellaus von sich als Nonne.

So konnte er sich genüsslich an sich vergehen
– ***ohne*** einem äußeren Urteil entgegenzusehen!

DER PAPST ALS KANALRÄUMER

Gleich nach Antritt seines Amtes sah es Papst Tollhecht I. als vordringlichste Aufgabe, die wild wuchernden, legendären ***Geheimkanäle*** der Kardinäle aufzuspüren und zu räumen.

Verständlich, dass er dies nicht länger als einen einzigen Tag überlebte.

Und da sein Name zur Strafe nicht einmal Eingang in die vatikanische Chronik fand, blieb ihm sogar das schmückende Etikett „Eintagspapst“ versagt!

DIE BEIDEN SPINATWACHTELN

Eine Spinatwachtel drängte sich an der Supermarktkasse vor.

„Was fällt Ihnen ein?“, empörte sich die Dame, die an der Reihe war. „Regen Sie sich nicht auf, Sie Spinatwachtel!“, entgegnete die andere nur.

Da beruhigte sich diese wieder, gab der Genossin einen Kuss – und sie schieden mit freundlichem Gruß.

DIE REVANCHE DER FLEDERMAUS

Als der zutiefst abergläubische Lord Huckwood Affenkopf abends im Schlossgarten eine Fledermaus entdeckte, holte er sogleich ein äußerst robustes Holzkreuz und versuchte mit drohender Gebärde den „leibhaftigen Vampir“ abzuwehren.

Kopfschüttelnd entriss sie ihm dieses jedoch und versohlte ihn damit gehörig, um ihm „die Flausen auszutreiben“ – ehe sie ihm anschließend noch eine gute und „erleuchtete“ Nacht wünschte.

DER LISTIGE SARG

Seit ein Sarg eine weit ***schönere*** Anwärterin entdeckt hatte, wollte er seine Inhaberin Mrs. Betsy Gießkuss auf möglichst elegante Weise loswerden.

Er lag der überzeugten Agnostikerin so lange in den Ohren, ihn doch endlich ***kirchlich*** zu heiraten, weil sein Glaube ein anderes Zusammenleben beim besten Willen nicht akzeptiere, bis sie sich zutiefst genervt prompt einen neuen Sarg suchte.

Von dessen ***Gottesfurcht*** sie allerdings bald so beeindruckt war, dass sie nunmehr ***diesem*** die Ehe antrug – damit er ihr möglichst ***treu*** bliebe …

DER LÄSTIGE SARG

Ein Sarg fragte unentwegt seinen Besitzer Lord Hawkins Wattezahn nach der ***Uhrzeit***, obwohl jener weder eine Uhr besaß noch benötigte.

Aber dies war eben der ***einzige*** Satz gewesen, den er vom ***Vorbewohner*** Sir Ashton Nebelrauch lernen durfte!

Der sich mittlerweile zur erlösenden Einäscherung entschlossen hatte …

DER LUSTIGE SARG

Ein Sarg war so lustig, dass sich ständig irgendwelche Friedhofseinwohner um ihn scharten. Sehr zum Verdrusse seiner Eigentümerin Contessa Zarah von Dreibein, die selber ***überhaupt*** keinen Humor besaß.

„Wenn du mir mit deinen Marotten weiterhin dieses Gesindel anschleppst, werde ich dich über kurz oder lang verlassen!", kündigte sie ihm mehrmals an.

Da er aber unverbesserlicher Optimist war, ließ er sich partout nicht beirren – sodass sie ihre Drohung schließlich wahrmachte und sich einen anderen suchte, der wegen seiner Humorlosigkeit bisher allein geblieben war.

Sie verstanden einander auf Anhieb prächtig und wurden nun ein überaus ***zufriedenes*** Paar.

Es gibt eben wirklich die seltsamsten Spielarten von „Glück" …

DIE SCHWARZE SÄULE

Sir Leo stieß im Museum an eine schwarze Säule,
was ihm bescherte eine überaus stattliche Beule.

Er behielt sie deshalb in allerbester Erinnerung,
schenkte sie ihm doch einen ***Wissensvorsprung***:

Dass man stets auf der Hut und ***achtsam*** sei,
völlig gleich, ***wo*** man sich aufhält, einerlei!

DIE SCHWARZE STATUE

In der Vorhalle seines Landhauses besaß Lord Witworth Irrweg eine „schwarze Statue", woran per se nichts Ungewöhnliches wäre.

Jedoch handelte es sich um einen völlig amorphen Steinklumpen auf einem Sockel, der lediglich diese ***Aufschrift*** trug, da niemand sonst auf die Idee verfallen wäre, ihn dafür zu halten. Selbst die Farbe stimmte nicht, da er ***weiß*** war.

Für den stolzen Inhaber freilich, der sich als exzellenter Kunstkenner gerierte, war die Sache klar – denn der Schöpfer Gfrettino Sargblum wollte damit natürlich zum Ausdruck bringen, dass ***nichts*** so sei, wie es scheine!

Weil er aber offenbar doch nicht restlos von seinem Werk überzeugt war, hatte der Lord ***selber*** sich hinter dem Pseudonym verborgen.

Erst als der bedeutende Kunstkritiker Prof. Nimmerlein Lausgott bei einem Besuch ganz hingerissen war und gierig nach weiteren „Skulpturen" dieses bedeutsamen Mannes fragte, konnte der Hausherr nicht umhin, mit kokettem Augenaufschlag sein Geheimnis preiszugeben.

Nun gab der Professor eine ganze Serie in Auftrag, bei der jedes Stück nach gleichem Muster einfach auf einen Sockel gesetzt und mit einem beliebigen Namen versehen wurde.

Die gedeihliche Zusammenarbeit fand erst ein jähes Ende, als der Meister einen besonders abscheulichen Klotz ***Papst*** nannte – worauf ihm der glühende Katholik „schweren Herzens“ die Freundschaft kündigte.

Doch zu diesem Zeitpunkt hatte der Lord sich längst in der globalen Kunstszene äußerst ***nachhaltig*** etabliert!

DER HOCHGEZOGENE VORHANG ODER

DIE EIGENE RATLOSIGKEIT

Der der Vorhang bereits hochgezogen war und den Blick auf die Bühne freigab, als das Premierenpublikum in den Saal strömte, wusste dieses nicht, wann das ***eigentliche*** Stück anfing – umso mehr zwar einige Darsteller umherstanden, aber keinerlei Text vernehmen ließen, was sich auch nicht ändern sollte.

Da den Leuten dabei immer unbehaglicher wurde, begannen sie allmählich zu raunen und zu murren – und verließen schließlich empört das Theater, ohne zu applaudieren.

Worauf das Stück von einer hoch besetzten Jury zum besten der Saison gekürt wurde – weil es den Zuschauern einen ***Spiegel*** ihrer eigenen Ratlosigkeit vorgehalten habe.

Die solcherart Düpierten freilich ***mieden*** daraufhin jedes Schauspiel für ***lange*** Zeit!

DIE HOCHGEZOGENEN BRAUEN

Jedes Mal, wenn Gatte Großkotz heimkam, begnügte sich Hofrätin Amalia Wurmglück damit, lediglich die Augenbrauen hochzuziehen.

Denn da die beiden schon lange nicht mehr ***verbal*** miteinander kommunizierten, gedachte sie auf ***diese*** Weise ihr Erstaunen zum Ausdruck zu bringen, dass er tatsächlich noch die ***Dreistigkeit*** besaß, bei ihr aufzutauchen!

Eine wahre ***Bilderbuchehe*** eben …

Printed by Books on Demand GmbH, Norderstedt / Germany